DIE SACHTEXTFORSCHER

Von Mumien, Cäsar und der eisernen Maske

Dr. Birgit Ebbert
Timo Grubing

4. KLASSE

compact

Bildnachweis:
fotolia.com: Juulijs16; Dieter Hawlan 19; 2630ben 26; André Franke 41; jarek106 42
Timo Grubing: 12/13; 20/21; 38/39; 44/45; 49; 50/51; 54
picture alliance: Markus C. Hurek 3; Udo Bernhart 5/6; akg-images 28, 29, 31, 32, 33, 34
shutterstock.com: vangelis aragiannis 14; shootmy business 56/57; Sherss 60; Michael Neil Thomas 63

© Compact Verlag GmbH
Baierbrunner Straße 27, 81379 München
Ausgabe 2018

Text: Dr. Birgit Ebbert
Redaktion: Astrid Kaufmann
Fachkorrektur: Tanja von Ehrenstein
Produktion: Ute Hausleiter
Abbildungen: siehe Bildnachweis oben
Titelabbildung: Timo Grubing
Gestaltung: Roman Bold & Black, Köln
Umschlaggestaltung: Enrico Albisetti

ISBN 978-3-8174-1987-6
381741987/1

www.compactverlag.de

Ötzi – die Mumie aus dem Eis

Sicher hast du dich schon einmal gefragt, wie Menschen in früherer Zeit lebten. Über die letzten hundert Jahre wissen wir recht gut Bescheid, weil es aus dieser Zeit schon Fotos und Filme gibt. Aus den Jahrhunderten davor haben wir immerhin Bücher und Zeichnungen, die Auskunft über den Alltag der Menschen geben. Aber was die Menschen vor 2000 oder gar 5000 Jahren gegessen oder angezogen haben, können Forscher nur mühsam herausfinden, da es aus dieser Zeit nur sehr wenige Aufzeichnungen gibt. Bei dieser Spurensuche konnte ihnen der Eismensch „Ötzi" ein wenig behilflich sein.

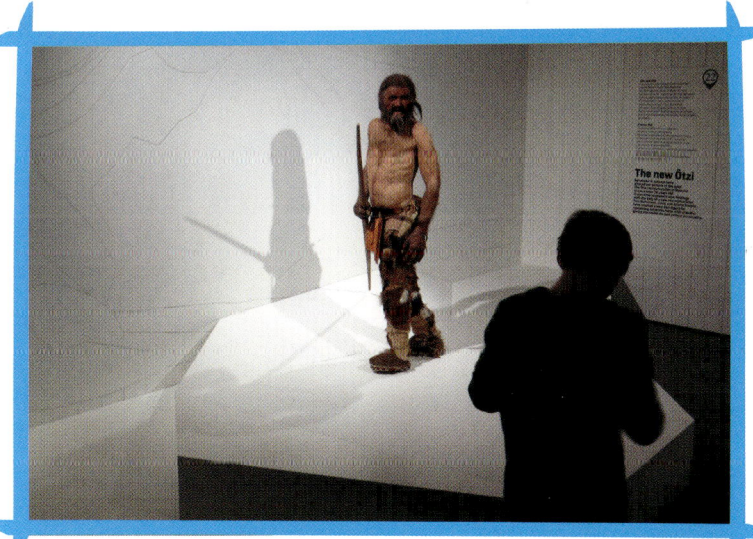

Vielleicht hast du schon einmal von Ötzi gehört. Weißt du, warum man ihn als „Eismensch" bezeichnet?

Ötzi wurde im Jahr 1991 in den Ötztaler Alpen gefunden. Das Ötztal liegt in Italien, genauer gesagt in Südtirol. ███████████████████████████ ohne dass jemand auf ihn aufmerksam wurde. 1991 war der Sommer sehr heiß. Deshalb schmolz das Eis am Similaun-Gletscher. Zwei Wanderer gingen dort spazieren und entdeckten dabei die Mumie. Man nannte sie später liebevoll Ötzi, weil sie in den Ötztaler Alpen gefunden worden war. Der „Mann aus dem Eis" hat noch viele weitere Spitznamen: zum Beispiel „Mann vom Tisenjoch" oder „Mumie vom Similaun". Die Engländer nennen ihn „Frozen Fritz". Es gibt auch einen Film über ihn. Er heißt „Der Mann aus dem Eis".

Für wen war die Entdeckung von Ötzi besonders wichtig?

Die Frage, wie Menschen früher lebten, beschäftigt jeden von uns, vor allem aber die ███████████████. Sie hofften, durch Ötzi mehr darüber zu erfahren, wie die Menschen vor über 5 000 Jahren in der Kupferzeit lebten. Anfangs dachten sie, die Mumie sei vielleicht 100 Jahre alt. Dann vermuteten sie, dass sie 1 000 oder 2 000 Jahre alt sein könnte. Mithilfe einer besonderen

Untersuchung konnte das Alter schließlich recht genau bestimmt werden. Diese Untersuchung hat den eigenartigen Namen C14-Methode. Dabei wird über ein Kohlenstoffisotop, das man in Ötzis Knochen fand, berechnet, wie alt die Mumie ist. Am Ende stellte sich heraus, dass Ötzi etwa 5300 Jahre alt sein musste.

Weißt du, wie alt Ötzi war, als er starb?

Ötzi wurde vielen Untersuchungen ausgesetzt – mit Erfolg! Dadurch wissen wir heute: Der Mann aus dem Eis war ein etwa ▓▓▓▓▓▓▓▓▓▓▓▓▓▓▓▓ Er war ungefähr 1,60 m groß und hatte braune Augen und braune Haare. Als er starb, trug er eine Mütze aus dem Fell eines Braunbären und einen Mantel aus Ziegen- und Schafsleder. Um die Hüften war er mit einem Lendenschurz aus Schafsleder bekleidet. Das ist eine Art Rock. Die Beine waren mit Beinlingen aus Ziegenleder bedeckt, die wie kniehohe Stulpen aussahen. An den Füßen trug er Schuhe aus Rindsleder, die mit Heu ausgestopft waren.

Was könnte Ötzi bei seinem Tod wohl bei sich gehabt haben?

Ötzi wurde mitten in den Alpen gefunden. Weil es damals weder Flugzeuge noch Autos gab, war er zu Fuß unterwegs. Er hatte ~~werkzeug und Waffen~~ bei sich. Unter anderem tauchte ~~eine Axt aus Kupfer bei ihm~~ bei ihm auf. Außerdem fand man ~~Tierknochen~~ ~~~~ ~~~~ ~~~~

Die Feuersteine dienten dazu, Feuer zu machen, die Kleidung zu reinigen, Klingen zu schärfen und Pfeile zu schnitzen.

Die Forscher fanden sogar heraus, was er vor seinem Tod gegessen hat: nämlich getrocknetes Steinbockfleisch, Äpfel und Getreide. Sie entdeckten auch, dass Ötzi ganz plötzlich gestorben war. Jemand hatte ihn umgebracht. Damit ist der Fall Ötzi wohl der älteste bekannte Kriminalfall der Geschichte. Und tatsächlich versuchen Kriminalkommissare und Forscher, den Todesfall aufzuklären. Sie sind sich sicher, dass Ötzi im Frühjahr ums Leben kam, weil sie Pollen der Hopfenbuche in seinem Körper fanden.

Durch die Pollen in seinem Magen konnte sogar ermittelt werden, wo er in seinen letzten Monaten unterwegs gewesen war. Zuerst hatte er sich auf etwa 2 400 Meter Höhe befunden, dann war er ins Tal gegangen und schließlich wieder den Berg hinauf, wo er ermordet worden war und dann 5 300 Jahre unter Eis lag.

Hast du eine Idee, wie Ötzi getötet wurde?

An Ötzis Körper gibt es Spuren dafür, dass er getötet wurde. Jemand griff ihn unerwartet von hinten an und traf ihn tödlich. An seinem Körper wurden auch ältere Verletzungen von einem Messer gefunden. Man weiß aber nicht, ob sie vom gleichen Täter stammen, der Ötzi am Ende umgebracht hat. Das wird wohl für immer ein Geheimnis bleiben.

Obwohl für die Forscher viele Fragen offen bleiben, half Ötzi dabei, das Rätsel um die Geschichte der Menschheit ein wenig zu lüften. Dank ihm ist heute bekannt, dass es manche Krankheiten schon vor 5 000 Jahren gab. Zum Beispiel Karies und Paro-dontose, vor denen dich dein Zahnarzt sicher schon gewarnt hat. Man fand auch Hinweise auf einen Krank-heitskeim, der ein Magengeschwür verursachen kann. Außerdem vertrug Ötzi keine Milch. Das geht auch vielen heutigen Menschen so. Schließlich weiß man dank Ötzi, dass Menschenflöhe eine über 5 000-jährige Geschichte haben. Man hat nämlich eine Menge dieser lästigen Tierchen bei ihm gefunden. Sogar Tätowierungen hatte Ötzi. Das sind die ältesten Tätowierungen auf der Welt. Ob er damit seine Haut verschönern wollte oder ob sie gesund machen sollten, darüber wird noch gerätselt.

Wie kommt es, dass man von Ötzi nicht nur ein Skelett, sondern den kompletten Körper fand?

Da Ötzi nach seinem Tod ████████████████████████ ██████████████████████████████████████ ████████████████████. Als er auftaute, sah er noch fast so aus wie zu seinen Lebzeiten. Das war die sogenannte Kupferzeit.

Heute wird Ötzi im Archäologischen Museum von Bozen aufbewahrt – bei minus sechs Grad und einer Luftfeuchtigkeit von 98 Prozent. Wer weiß, vielleicht entwickeln unsere Nachfahren neue Methoden, mit denen sie spannende Dinge aus Mumien ablesen können. Dann ist es gut, wenn Ötzi für weitere Ver-suche zur Verfügung steht.

Atlantis –
die verschollene Insel

Es gibt eine ganze Reihe von Büchern und Filmen über das verschwundene Atlantis. Vielleicht hast du auch schon etwas darüber gelesen. In diesen Büchern und Filmen ist Atlantis einmal eine wunderbare Stadt, ein anderes Mal ein großartiges Land. Aber immer handelt es sich um eine Insel, die vor über 10 000 Jahren untergegangen sein soll. Viele Schriftsteller und Filmemacher tun so, als hätten sie die Insel besucht. Dabei ist nicht einmal sicher, ob es sie wirklich gegeben hat. Bis heute hat man keine Beweise dafür.

Weißt du, wer als Erster von Atlantis berichtet hat?

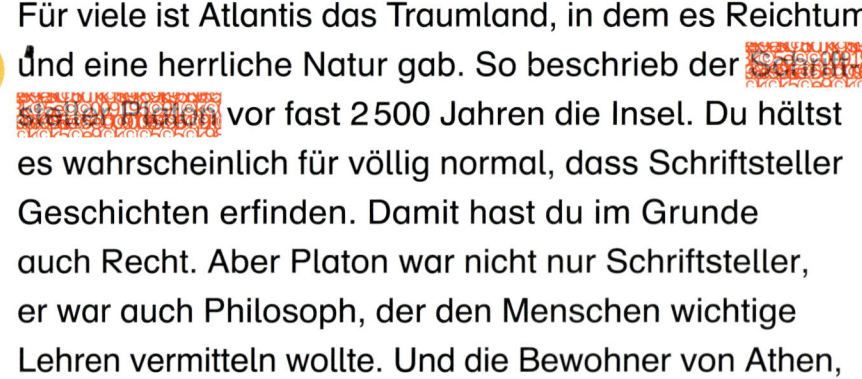

Für viele ist Atlantis das Traumland, in dem es Reichtum und eine herrliche Natur gab. So beschrieb der griechische Gelehrte Platon vor fast 2500 Jahren die Insel. Du hältst es wahrscheinlich für völlig normal, dass Schriftsteller Geschichten erfinden. Damit hast du im Grunde auch Recht. Aber Platon war nicht nur Schriftsteller, er war auch Philosoph, der den Menschen wichtige Lehren vermitteln wollte. Und die Bewohner von Athen,

wo Platon lebte, mochten ihn. Sie nahmen sich das
zu Herzen, was er schrieb. Meist gab er in seinen
Geschichten Hinweise darauf, ob sie erfunden waren
oder nicht. In seinem Text über Atlantis hat er jedoch
nichts dazu gesagt. Aber er hat die Insel so genau
beschrieben, dass man meinen konnte, er schreibe
von etwas, das es einmal wirklich gegeben hatte.
Die Menschen begannen schon zu seinen Lebzeiten
zu rätseln, wo sich die Insel genau befunden haben
könnte.

Hast du eine Idee, wie eine ganze Insel verschwinden
kann?

Nach Platons Beschreibung ist das Inselreich eines
Tages [unleserlich / durchgestrichen] Das muss ein sehr starkes Erdbeben gewesen sein, wunderst du dich vielleicht.
Es gibt aber auch heute schlimme Naturkatastrophen,
durch die ganze Städte verwüstet werden. Und Wissenschaftler warnen davor, dass Inseln in der Südsee
untergehen könnten, wenn der Meeresspiegel weiter
steigt. Wenn man das bedenkt, dann hat Platon etwas
beschrieben, das durchaus geschehen sein könnte.

Wie hat Atlantis vor seiner Zerstörung ausgesehen?

Das Inselreich soll riesengroß und außergewöhnlich fruchtbar gewesen sein. Viele verschiedene Tier- und Pflanzenarten waren dort angeblich heimisch. Es habe auch genügend Rohstoffe gegeben, die ein Leben in Reichtum möglich machten: Gold, Silber und andere Metalle. Das komplette Inselreich soll von Kanälen

durchzogen gewesen sein, sodass man die meisten Orte per Schiff erreichen konnte. Es wird auch erzählt, dass Atlantis abseits der „Säulen des Herakles" gelegen haben soll. Die „Säulen des Herakles" sind heute als „Straße von Gibraltar" bekannt. Bis dorthin konnte man in der Antike ohne größere Probleme segeln. Dahinter

lauerten die Gefahren des wilden Atlantiks. Und genau dort soll sich Atlantis befunden haben.

Allerdings sei die Insel nicht zufällig untergegangen. Nach Platons Erzählung war der Untergang von Atlantis eine Strafe dafür, dass das Inselreich immer mehr Land erobern wollte. Als große Seemacht habe es weite Landstriche mit Krieg überzogen. Auch Athen sei von Atlantis angegriffen worden. Aber Athen habe sich erfolgreich gewehrt. Daraufhin sei Atlantis dem furchtbaren Erdbeben zum Opfer gefallen.

Viele Wissenschaftler glauben, Platon wollte in seinem Text das standhafte Athen dem kriegerischen Atlantis gegenüberstellen. Athen sollte auf diese Weise als idealer Staat dargestellt werden, der zu Unrecht von dem aggressiven Atlantis angegriffen wurde. Platons Geschichte wäre damit nur ein Gedankenspiel und Atlantis

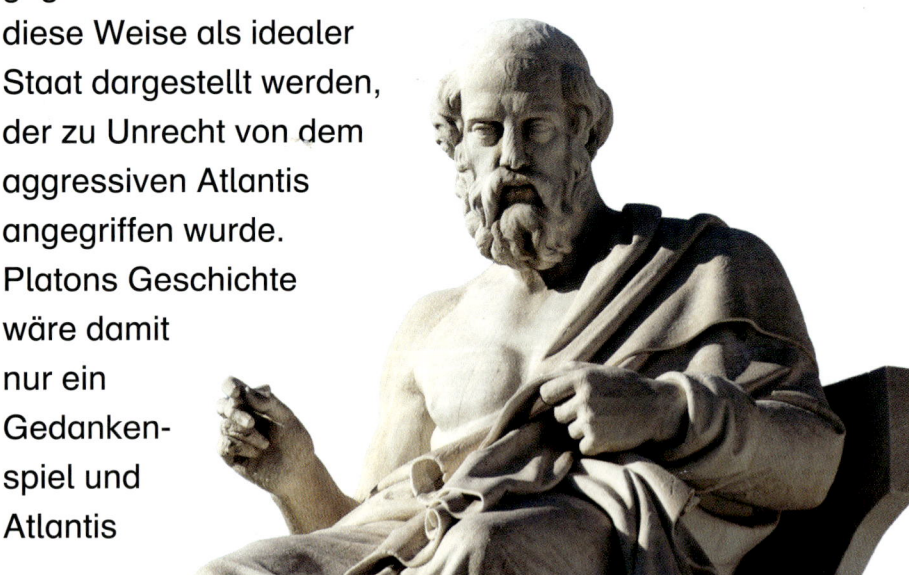

ein Beispiel für einen Staat, der bei seinen Eroberungen nicht genug kriegen konnte. Ob das tatsächlich so war, werden wir nie erfahren. Keiner kann die Gedanken eines Menschen lesen, der vor 2 500 Jahren verstorben ist. Trotzdem gibt es unzählige Forscher und Abenteurer, die beweisen wollen, dass Platons Geschichte auf einer echten Begebenheit beruht.

Wie versuchten Forscher herauszufinden, ob es Atlantis wirklich gegeben hat?

Am Anfang ihrer Nachforschungen lasen die wissenschaftlich Platons Text genau. Sie suchten nach Hinweisen darauf, in welchem Teil der Erde die Insel gelegen haben könnte.  Platon schrieb, dass die Insel vor den Säulen des Herakles gelegen habe. Zum Glück gibt es Experten, die wissen, dass die Säulen des Herakles zu Platons Zeit zwei Felsenberge waren. Sie befanden sich an der Straße von Gibraltar, die noch heute im Atlas zu finden ist. Das ist der Teil des Meeres, der zwischen Europa und Afrika liegt. Dieser Teil ist aber ziemlich groß. Außerdem weiß man nicht, auf welche Seite der Meerenge sich das „vor" aus Platons Beschreibung bezieht. So kommt es, dass die Forscher an verschiedenen Stellen suchten. Jedoch ohne Erfolg. Andere gingen bei ihrer Suche noch weiter. Sie behaupteten, Atlantis habe im Schwarzen Meer gelegen, andere suchten es auf den Azoren. Einige meinten, Kuba sei Atlantis, sogar Helgoland wurde schon ins Gespräch gebracht.

Da Atlantis versunken ist, muss die Suche mitten auf dem Meer erfolgen. Forscher und Abenteurer tauchen möglichst tief auf den Meeresboden. Sie hoffen etwas zu finden, das zu Atlantis gehört haben könnte. Außerdem nehmen sie Proben vom Boden. Damit lässt sich

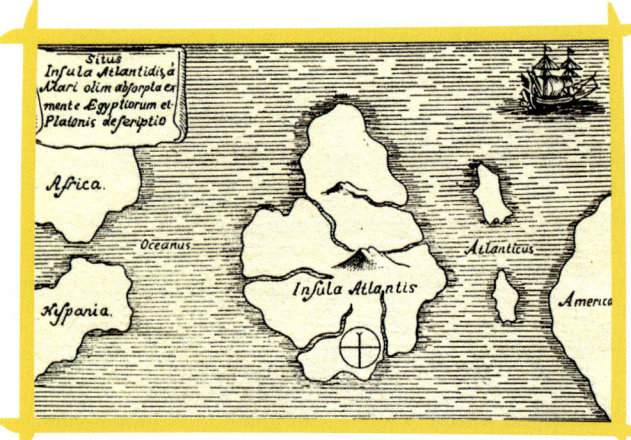

bestimmen, wie alt dieser ist. So haben Wissenschaftler in der Nähe der Azoren unter Wasser eine besondere Gesteinsart gefunden. Sie heißt Tachylith. Dieser Stein kann nur an der freien Luft entstehen – also nicht unter Wasser. Deshalb waren sich die Forscher sicher, dass es sich bei diesem Stück Meeresboden um ein versunkenes Stück Land handeln musste. Aber dann kam schon wieder jemand mit einer anderen Theorie. Deshalb wissen wir noch immer nicht, ob es Atlantis wirklich gegeben hat oder nicht.

Was meinst du, gibt es andere versunkene Orte?

Atlantis ist die bekannteste versunkene Insel. Es gibt aber auch Orte, die in neuerer Zeit für immer verschwunden sind. Das ist infolge von ███████████ ███████████ Überflutungen oder Vulkanausbrüchen  geschehen. Solche Fälle gibt es auch in Deutschland. Wenn du in der Nähe einer Talsperre wohnst, haben dir deine Großeltern vielleicht schon von Orten erzählt, die in dem Stausee liegen. Die Menschen hatten ihr Dorf verlassen müssen, weil es beim Bau einer Talsperre absichtlich überschwemmt werden sollte. Als im Sommer 2017 das Wasser aus einem Stausee bei Bautzen abgelassen wurde, konnten die Leute auf einmal wieder ihre alten Häuser sehen. Wer weiß, vielleicht forschen in 2500 Jahren Menschen danach, wo die Dörfer gewesen sein könnten, über die heute Nachrichtensendungen und Zeitungen berichten.

Der Fluch des Pharao

In der Zeit zwischen dem angeblichen Untergang von Atlantis und Platons Geschichte darüber starb in Ägypten ein junger König. Es war der Pharao Tutanchamun. Er wurde genauso berühmt wie das Inselreich Atlantis. Unter anderem durch den angeblichen „Fluch des Pharao", der für immer mit ihm verbunden sein wird. Die Geschichten rund um den Fluch wurden in vielen Büchern und Filmen aufgegriffen.

Weißt du, was ein Fluch ist?

Ein Fluch ist ~~ein böser Wunsch. Es soll etwas Schlimmes geschehen, wenn jemand etwas Bestimmtes tut.~~
In Ägypten gab es solche Flüche oft im Zusammenhang mit Gräbern. Damit sollte verhindert werden, dass jemand ein Grab öffnet und Dinge daraus stiehlt. Die Könige hatten nämlich sehr prunkvolle Gräber. Es sollte im Totenreich jeder wissen, dass sie wichtige Persönlichkeiten waren. Dazu wurden wertvolle Geschenke mit ins Grab gelegt. In dem Grab von Tutanchamun befanden sich zum Beispiel Statuen, die so groß wie Menschen waren. Es gab auch Möbel, Vasen und einen goldenen Thron. An den Wänden hingen Bilder auf

einem vergolde-
ten Hintergrund.
Der innerste Sarg,
in dem sich der
tote Pharao
befand, war
ebenfalls aus
Gold. Das Grab
war keine Mulde im Boden, sondern eine Höhle, die in
den Felsboden geschlagen worden war.

Was meinst du, wer kam als Grabräuber infrage?

Die Gräber der Könige von Ägypten waren sehr prunkvoll. Um sie zu bauen, brauchte man viele ████████
Sie bekamen mit, welche wertvollen Dinge eingemauert
wurden. ██
██

Die Flüche im Zusammenhang mit Toten und Mumien
waren also schon lange bekannt. Bereits 1827 gab
es den ersten Roman über eine Mumie, die sich an
Grabräubern rächt: „The Mummy!" von Jane C. Loudon.
Als das Grab von Tutanchamun im Winter 1922 geöffnet
wurde, ging die Aufregung um derartige Flüche aber
erst richtig los.

Im November 1922 fand der Archäologe Howard Carter im Tal der Könige in Ägypten einen Zugang zu einem Grab, das fast vollständig erhalten war. Es war das Grab Tutanchamuns. Die Reporter verschiedener Zeitungen sorgten dafür, dass sich der Fund schnell herumsprach. Jede Zeitung wollte etwas Besonderes schreiben. So bekam ein Journalist mit, dass der Geldgeber von Howard Carter kurz nach der Graböffnung an einer Blutvergiftung gestorben war. Dieser Lord Carnarvon hatte die Suche in Auftrag gegeben und finanziert. Der Journalist erinnerte sich an die Grabflüche aus dem

alten Ägypten. Auf einmal hieß es, im Grab selbst hätte man eine Tontafel mit Drohungen gefunden, aber trotzdem weitergearbeitet, als wäre nichts gewesen.

Wie könnten diese Drohungen gelautet haben?

Auf der Tontafel soll gestanden haben: ▓▓▓▓▓▓▓▓▓▓ ▓▓▓▓▓▓▓▓▓▓▓▓▓▓▓▓▓▓▓▓▓▓▓▓▓▓▓▓▓▓▓▓▓▓ ▓▓▓▓▓▓▓▓▓▓▓▓▓▓▓▓▓▓▓▓▓▓▓▓▓▓▓▓▓▓▓▓▓▓▓▓ ▓▓▓▓▓▓▓▓▓▓▓▓▓▓▓ Es ist aber nicht sicher, ob es diese Tafel tatsächlich gegeben hat. Schon ihr Fundort ist nicht einheitlich überliefert. An einer Stelle heißt es, sie habe im Vorraum des Grabes gelegen. An anderer Stelle liest man, man habe sie am Eingang zum Grab gefunden. Howard Carter, der das Grab entdeckte, erwähnte in seinen Aufzeichnungen jedenfalls keine Tontafel mit dieser Aufschrift. Alle anderen Dinge aus dem Grab wurden fotografiert und aufgelistet, nur von der Tontafel gibt es kein Foto. Seltsam, oder?

Den Leuten damals war das egal. Sie glaubten, der Tod von Lord Carnarvon wäre eine Folge des Fluchs gewesen. Er hatte als einer der Ersten das Grab betreten. Von da an wurde jedes Mal, wenn ein Mitglied des Forscherteams starb, behauptet, der Tod hätte mit dem Fluch des Pharao zu tun. Immer mehr Leute glaubten an diesen Fluch.

Bis heute forschen Wissenschaftler, ob es den Fluch gegeben hat oder nicht. Einige meinen, ein Gift wäre schuld daran, dass manche Menschen, die an der Graböffnung beteiligt waren, kurze Zeit später starben. Angeblich hätten ägyptische Priester Gift im Grab hinterlassen. Andere leugnen das, denn ein Gift könne sich nicht Tausende von Jahren halten. Derzeit glauben die meisten, dass ein Schimmelpilz, der sich im Grab angesiedelt hatte, die Todesfälle herbeiführte. Es gibt aber auch Forscher, die überzeugt sind, dass der Tod dieser Menschen gar nichts mit der Graböffnung zu tun hatte. Viele von ihnen waren schon älter und zum Teil auch vor der Graböffnung nicht mehr ganz gesund gewesen. Und dann gibt es da noch die Tochter von Lord Carnarvon: Sie war eine der Ersten, die im Grab war, und sie starb erst 1980 im Alter von 79 Jahren. Auch der Entdecker des Grabes, Howard Carter, erreichte ein hohes Alter. Bei diesen beiden wirkte der angebliche Fluch also nicht.

Die sieben Weltwunder

Das Grab von Tutanchamun befand sich in Ägypten, im Tal der Könige. Dort gab es über 60 Gräber von Herrschern. Die bekanntesten Gräber von Pharaonen fand man aber in den Pyramiden von Gizeh. Diese berühmten Bauwerke befinden sich etwa 20 Kilometer vor der Stadt Kairo. Sie gehören zu den sieben Weltwundern der antiken Welt und sie sind das einzige der antiken Weltwunder, das man heute noch besichtigen kann. Alle anderen wurden durch Unwetter, Erdbeben, Krieg oder Witterung zerstört.

Kennst du die anderen Weltwunder? Hier kannst du dein Wissen testen:

- die Pyramiden von Gizeh
- die Zeus-Statue in Olympia
- der Tempel der Artemis in Ephesos
- das Mausoleum zu Halikarnassos
- der Koloss von Rhodos
- der Leuchtturm von Alexandria
- die hängenden Gärten von Babylon

Was haben alle sieben Weltwunder gemeinsam?

Alle sieben Weltwunder sind ▨▨▨▨▨▨▨▨▨▨▨▨▨▨▨▨ ▨▨▨▨▨▨▨▨▨▨▨▨▨▨▨▨▨▨▨▨▨▨ ▨▨▨▨▨▨▨▨▨ Es fällt außerdem auf, dass sich diese Gebäude fast alle im östlichen Mittelmeerraum befanden: in Ägypten, Griechenland und im heutigen Irak. Das liegt vermutlich daran, dass sie von dem Schriftsteller Antipatros von Sidon ausgewählt wurden. Er hat diese Liste der sieben Weltwunder der Antike verfasst. Antipatros von Sidon lebte im 2. Jahrhundert vor Christus, also vor etwa 2200 Jahren, in diesem Raum. Er hat ein Gedicht verfasst, in dem er besondere Reiseziele anpries. Das waren die sieben Weltwunder. Das Gedicht beschrieb also die Top 7 der Reiseziele in der damaligen Zeit.

Weshalb schrieb Antipatros wohl sieben und nicht zehn Weltwunder auf?

Wir kennen auch heute noch alte Märchen, in denen die Zahl Sieben vorkommt. Denk nur an Schneewittchen und die sieben Zwerge. Im Märchen gilt die Sieben als ▨▨▨▨▨▨▨▨▨▨▨▨▨▨▨▨▨▨▨▨▨▨▨▨▨▨▨ ▨▨▨▨▨▨▨▨▨▨▨▨▨▨▨▨▨▨▨▨▨▨▨▨▨▨▨

Die Pyramiden von Gizeh

Von den Pyramiden gibt es Fotos. Wie die anderen Weltwunder ausgesehen haben, ist nur durch Beschreibungen bekannt. Manche sind auf alten Münzen abgebildet, sodass sie heute nachgebaut werden können.

Warum die Pyramiden von Gizeh dazuge- hören, kannst du dir denken. Sie sehen schon auf Fotos richtig mächtig aus. In den Pyramiden waren Pharaonen begraben. Von diesen verstorbenen Herrschern haben die drei Pyramiden auch ihre Namen: Cheops-Pyramide, Chephren-Pyramide und Mykerinos-Pyramide.

Die Pyramiden sind etwa 4 500 Jahre alt. Die Cheops-Pyramide war sogar das höchste Bauwerk seiner Zeit. Bis zur Spitze maß sie ursprünglich 146,60 Meter. Leider hat man sie zwischenzeitlich als Steinbruch benutzt, sodass sie heute ungefähr 8 Meter niedriger

ist. Inzwischen gibt es natürlich viel höhere Bauwerke. Aber für damalige Verhältnisse war das schon
gewaltig. Schließlich kannte man noch keine Kräne
oder Bagger.

Wie alle Pyramiden, so hat auch die Cheops-Pyramide
eine quadratische Grundfläche. Allerdings ist das
ein ganz schön großes Quadrat: Jede Seite ist
230,36 Meter lang. Die Fläche ist etwa so groß wie fünf
Fußballfelder. Es dauerte Jahre, bis die Pyramiden
fertig gebaut waren. Und man benötigte dafür sehr viele
Arbeiter. Immerhin stehen sie heute noch. Das ist bei
der Zeus-Statue in Olympia nicht der Fall, davon sind
nur noch die Überreste zu sehen.

Die Zeus-Statue in Olympia

Hast du eine Idee, warum die Zeus-Statue in Olympia
ein Weltwunder sein könnte?

Zeus war ~~der wichtigste Gott bei den Griechen.~~ Kein
Wunder, dass man ihm eine wundervolle Statue gebaut
hat. Sie war siebenmal so groß wie ein Mensch – nämlich ungefähr 13 Meter. Die Statue war aus edlen Materi-
alien gebaut: aus Zypressen- und Ebenholz, Elfenbein
und Gold. Sie zeigte Zeus, der auf einem Thron saß.

Nach dem Ort Olympia wurden ▓▓▓▓▓▓▓▓▓▓▓▓▓▓▓ benannt, die heutzutage alle vier Jahre stattfinden. In neuerer Zeit gibt es sie sogar im Sommer und im Winter. Olympia war schon vor dem Bau der Statue ein Platz, an dem Götter verehrt wurden. Etwa 500 Jahre

vor Christus wünschten sich die Menschen an dieser Stelle einen großen Tempel für Zeus und ließen durch den Architekten Libon einen solchen bauen. Er hatte eine Fläche von 30 Meter mal 66 Meter und war 24 Meter hoch. In diesen Tempel hat man einige Jahre später die Zeus-Statue hineinbauen lassen – und zwar von dem Bildhauer Phidias.

Leider wurde sie zerstört. Nur das Fundament ist noch übrig. Man weiß also nur aus antiken Schriften und von Bildern auf alten Münzen, wie sie ausgesehen haben könnte.

Der Tempel der Artemis in Ephesos

Unter den sieben Weltwundern gibt es einen weiteren Tempel: den Artemis-Tempel in Ephesos. Ephesos liegt heute in der Türkei. In der Antike gehörte es zu Griechenland und war eine reiche Großstadt. Die Einwohner von Ephesos wollten den Göttern einen großen Tempel bauen, damit sie der Stadt weiterhin ihren Reichtum sichern würden. So entstand im 6. Jahrhundert vor Christus ein erster Tempel. Schon er war Artemis gewidmet. Artemis ist die Göttin der Jagd. Er wurde aber immer wieder zerstört und 356 vor Christus komplett in Brand gesteckt.

Man errichtete später aber einen neuen Tempel, der noch größer war und es auf die Liste der antiken Weltwunder schaffte. Er wurde auf dem Schutt des alten Tempels errichtet und hatte eine Grundfläche von 125 Meter mal 65 Meter. Das ist etwa die Fläche eines Fußballfeldes. Der Tempel hatte über 100 Säulen, die in mehreren Reihen angeordnet und 18 Meter hoch waren.

Dieser Tempel stand etwa 500 Jahre, bevor er größtenteils zerstört wurde. Die Überreste sind heute noch in der Nähe von Izmir zu besichtigen. Das liegt in der jetzigen Türkei. Ebenfalls in dem Gebiet der heutigen Türkei befand sich das Mausoleum zu Halikarnassos.

Das Mausoleum zu Halikarnassos

Hast du den Begriff Mausoleum schon einmal gehört? Was mag er bedeuten?

Das Mausoleum zu Halikarnassos hat nichts mit Mäusen zu tun und ist auch kein Museum für Mäuse.

Ein Mausoleum ist ▓▓▓▓▓▓▓▓▓▓▓▓▓▓▓▓▓▓▓▓▓▓ ▓▓▓▓▓▓▓▓▓▓▓▓▓▓▓▓▓▓ Manchmal sieht man auf unseren Friedhöfen kleine Häuser, die wie Tempel aussehen. Sie sind nach dem ersten Erbauer einer solchen Grabstätte benannt. Und das war

Der König hatte sich in dem Ort Halikarnassos einen Palast gebaut und auf einer Anhöhe auch eine Grabstätte errichten lassen. Dort wollte er bestattet werden. Aber was er sich da hatte erbauen lassen, war kein normales Grab. Es war ein riesiges Bauwerk. Das Mausoleum hatte eine Grundfläche von 39 Meter mal 33 Meter. Das Gebäude selbst bestand aus mehreren Ebenen, die zusammen 46 Meter hoch waren. Die Bauzeit dauerte so lange, dass das Mausoleum nicht fertig war, als der König starb.

Seine Schwester Artemesia kümmerte sich um den Weiterbau, schaffte es aber auch nicht, ihn vor ihrem Tod zu vollenden. Sie starb zwei Jahre später. Das beeindruckende Gebäude wurde erst nach ihrem Tod fertiggestellt. Immerhin stand es dann eine ganze Weile, bis es im 13. Jahrhundert durch ein Erdbeben zerstört wurde. Die Steine verwendete man später dazu, die Hafenfestung Petronia auszubauen. Heute heißt der Ort Bodrum und gehört zur Türkei.

31

Die nächsten beiden Weltwunder befinden sich im heutigen Griechenland. Eines davon ist der Koloss von Rhodos.

Der Koloss von Rhodos

Bestimmt hast du das Wort „Koloss" schon gehört. Hast du eine Idee, was es bedeutet?

Der Koloss von Rhodos war eine etwa 30 Meter hohe Bronzestatue des Sonnen- und Stadtgottes Helios. Die Bewohner der Stadt Rhodos ließen sie etwa 300 Jahre vor Christus als Dank für das Ende der Belagerung aufstellen. Der Bau dauerte 12 Jahre. Noch heute nen-

nen wir etwas, ~~wenn es weder ein~~ einen Koloss. 30 Meter Bronze sind wirklich sehr viel und Bronze ist ein sehr schweres Material! Diese Höhe entspricht etwa einem Hochhaus mit 9 bis 10 Stockwerken. Der Koloss von Rhodos war jedoch nur eine Figur, kein Gebäude! Vielleicht war er einfach zu hoch, um länger halten zu können. Schon 66 Jahre nach dem Bau wurde er bei einem Erdbeben zerstört. Nur die Unterschenkel blieben übrig. Und auch diese wurden bald darauf entfernt und eingeschmolzen, sodass heute nichts mehr von dem Koloss zu sehen ist.

Der Leuchtturm von Alexandria

Ebenfalls verschwunden ist der vermutlich erste Leuchtturm überhaupt. Er stand auf der Insel Pharos vor Alexandria und wurde um 280 vor Christus gebaut.

Der Turm war aus weißem Stein und soll mindestens 115 Meter hoch gewesen sein. Das ist dreimal so hoch wie der Leuchtturm auf Helgoland. Die Grundfläche betrug 30 Meter mal 30 Meter. Nach oben hin wurde der Turm schmaler und ganz oben befand sich eine Bronzestatue. Leider ist der Leuchtturm durch mehrere Erdbeben zerstört worden, zuletzt 1323.

Welches Weltwunder fehlt jetzt noch?

Von einigen der bisher genannten Weltwunder gibt es Überreste oder Beschreibungen, auch weil sie teilweise bis ins Mittelalter existierten. Bei den ▓▓▓▓▓▓▓▓▓▓▓ ▓▓▓▓▓▓▓▓▓▓ wird immer wieder angezweifelt, ob es sie wirklich gegeben hat.

Die hängenden Gärten von Babylon

Sie hätten sich im heutigen Irak befunden. Das Besondere an ihnen war, dass die Gärten kunstvoll über mehrere Ebenen angelegt waren. Anschauen können wir sie heute nicht mehr. Dafür gibt es neue Weltwunder, die wir bestaunen können. Allerdings findet

man auf der ganzen Welt so viele großartige Bauwerke,
dass eine Einigung auf eine Liste schwerfällt.

Was könnte ein Weltwunder unserer Zeit sein?

In den 1990er-Jahren erstellten amerikanische Inge-
nieure eine Liste von heutigen Weltwundern. Dazu
gehören ████████████████████████████████ Der
Eurotunnel verläuft unter der Nordsee zwischen
Frankreich und Großbritannien. Der Panamakanal
wurde 1914 gebaut, damit Schiffe vom atlantischen
in den pazifischen Ozean fahren können.
2007 wurde nach einer großen Befragung eine weitere
Liste aufgestellt. Sie umfasste die folgenden Bauwerke:

- ████████████████████
- ████████████████████
- ██████████████████████████
- ████████████████████████
- ██████████████████████████████
- ██████████████████████
- ████████████████████████████

Aber natürlich gab es an dieser Liste schon bald Kritik,
weil es auf der Welt so viele andere beeindruckende
Bauwerke gibt.

Die Suche nach dem Bernsteinzimmer

Das Bernsteinzimmer wurde auch einmal als das „achte Weltwunder" bezeichnet. König Friedrich I. hatte 1701 den Bildhauer und Architekten Andreas Schlüter damit beauftragt, ein Zimmer aus Bernstein zu entwerfen. Die Wände eines Zimmers im Schloss Charlottenburg in Berlin sollten vollständig mit Bernstein verkleidet werden. Zu jener Zeit dachten die Menschen, Bernstein sei ein Edelstein. Heute wissen wir, dass es sich um Naturharz handelt. Mit ein bisschen Glück kannst du es noch heute an der Ostsee finden.

Vor 300 Jahren gab es in Preußen viel Bernstein im Boden und einige gute Bernsteinschnitzer. Es war allerdings viel Arbeit, ein ganzes Zimmer damit auszukleiden. Anfangs arbeitete der dänische Bernsteindreher Gottfried Wolffram daran. 1706 wurde das dem König zu teuer und er beauftragte zwei Bernsteinmeister aus Danzig: Ernst Schacht und Gottfried Turau. Wie lange die beiden dafür brauchten, ist nicht bekannt. Auf jeden Fall muss das fertige Zimmer prächtig gewesen sein. Denn als der russische Zar, Peter der Große, es zu sehen bekam, war er begeistert. Friedrich

Wilhelm I., der Sohn von Friedrich I., hat es beim Zaren gegen etwas eingetauscht, das er viel lieber hatte als Bernstein.

Was könnte Friedrich Wilhelm I. als Gegenleistung für das Bernsteinzimmer bekommen haben?

Friedrich Wilhelm I. interessierte sich nicht für Kunst. Er hatte mehr Freude an militärischen Dingen. Noch heute ist er als „Soldatenkönig" bekannt. So hat Friedrich Wilhelm I. das Bernsteinzimmer ▒▒▒▒▒ ▒▒▒▒▒▒▒▒▒▒▒ eingetauscht. Sie dienten von  da an in der Leibgarde des preußischen Königs. Das sorgte natürlich für Schlagzeilen in den Zeitungen. Nach diesem Handel wurde das Zimmer auseinandergebaut, in 18 Kisten verpackt und nach Sankt Petersburg gebracht. Zunächst lagerten diese Kisten einige Zeit im Winterschloss des Zaren. Dann holte die Zarentochter Elisabeth einen italienischen Architekten und ließ das Bernsteinzimmer im Katharinenpalast aufbauen. Da es in Deutschland nicht ganz fertig geworden war, baute der Architekt Gold, Spiegel und Figuren aus Harz ein. Im Katharinenpalast befand sich das Zimmer über 200 Jahre lang. Es existieren einige Fotos davon. 1941 begab sich das Zimmer erneut auf die Reise.

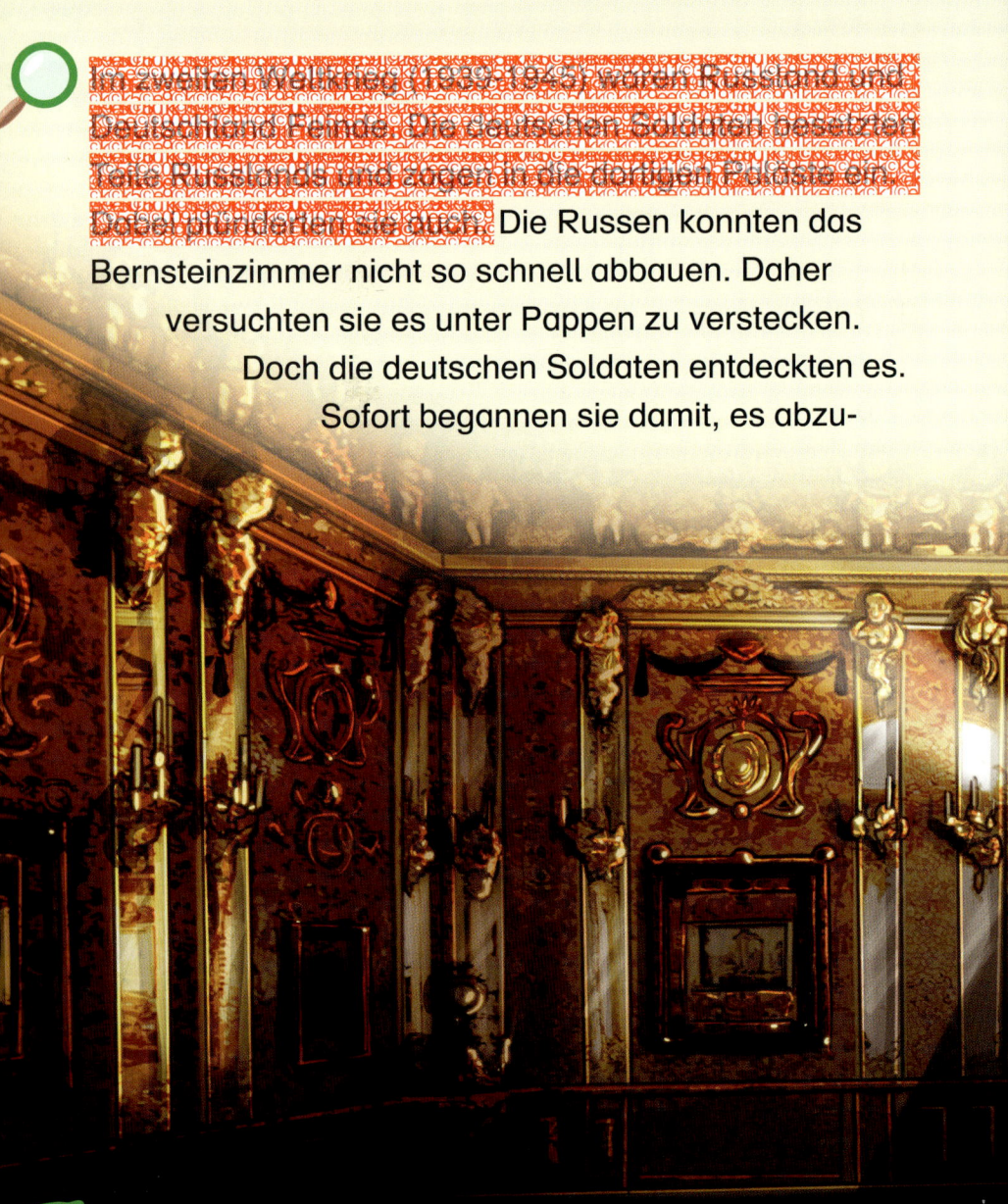

Was mag der Grund dafür sein, dass das Bernsteinzimmer 1941 den Katharinenpalast verließ?

[unreadable highlighted text] Die Russen konnten das
Bernsteinzimmer nicht so schnell abbauen. Daher
versuchten sie es unter Pappen zu verstecken.
Doch die deutschen Soldaten entdeckten es.
Sofort begannen sie damit, es abzu-

bauen und in Kisten zu verpacken. Die Kisten wurden nach Königsberg geschickt. Dort wurde das außergewöhnliche Zimmer im Schloss aufgebaut. Viele Leute kamen, um es zu bestaunen. Aber dann zerstörten englische Kampfflieger einen großen Teil Königsbergs. Auch das Schloss wurde beschädigt. Das Bernsteinzimmer war allerdings schon vorher wieder in Kisten gepackt worden. Hier beginnt nun das Rätsel um das Bernsteinzimmer.

Was könnte mit dem Bernsteinzimmer geschehen sein?

Der letzte Ort, an dem das Bernsteinzimmer gesehen wurde, ist Königsberg. Möglicherweise wurden die Kisten ▓▓▓▓▓▓▓▓▓▓▓▓▓▓▓▓▓▓▓▓ Vielleicht wurden sie ▓▓▓▓▓▓▓▓▓▓▓▓▓▓▓▓▓▓▓▓ Möglich wäre auch, ▓▓▓▓▓▓▓▓▓▓▓▓▓▓▓▓▓▓▓▓ Es gibt keine Unterlagen darüber, was mit den Kisten geschah. So denkt sich jeder Forscher etwas anderes aus. Manche behaupten sogar, sie hätten Beweise für ihre Idee. An 130 verschiedenen Orten wurde das Bernsteinzimmer vermutet. Die einen meinten, es sei im Keller von Schloss Friedland in Niedersachsen, andere glaubten, es könnte in Wuppertal sein. Einige sind sich sicher, dass russische Soldaten das Zimmer nach dem 2. Weltkrieg mitgenommen haben. Sogar in Afrika und Amerika suchte man danach.

Ob man überhaupt noch etwas finden kann, ist fraglich. Vielleicht wurde das Zimmer von Geröll verschüttet oder bei dem Bombenangriff komplett zerstört. Möglicher-weise ist das Harz geschmolzen. Im Gegensatz zu Edelsteinen wird es nämlich bei Hitze flüssig. 1967 wurden die Reste des Königsberger Schlosses gesprengt. Vielleicht wurde dabei das Bernsteinzimmer zerstört. Solche Gedanken hindern Abenteurer nicht daran, weiter nach Spuren zu suchen. Als bei einer

Versteigerung zwei Möbelstücke aus dem Zimmer ange-
boten wurden, schöpften sie neuen Mut. Wo die sind,
könnte auch der Rest des Bernsteinzimmers zu finden
sein, dachten sie. Ob der Räuber das Geheimnis mit ins
Grab genommen hat? Oder stimmt es etwa doch, dass
sich unter dem Schloss in Königsberg ein Geheimgang
befand, in dem die Kisten während des Krieges aufbewahrt wurden? Es bleiben viele Fragen offen.
Man ließ das Zimmer allerdings nachbauen. Und wo
sich das befindet, weiß man ganz genau.

Was vermutest du, wo könnte sich eine Kopie des
Bernsteinzimmers befinden?

Auch wenn das Bernsteinzimmer aus Deutschland
stammt, hat es doch die meiste Zeit in Russland ver-
bracht. Deshalb wurde ▒▒▒▒▒▒▒▒▒▒▒▒▒▒▒▒▒▒
▒▒▒▒▒▒▒▒▒▒▒▒▒▒▒▒▒▒▒▒▒▒▒▒▒▒▒ Als Vorlage
dienten mehrere
Schwarz-Weiß-Fotos
und ein Farbfoto. Auf
diese Weise können
wir uns einen Eindruck
verschaffen, wie
prunkvoll Herrscher
früher gelebt haben.

Der Mann mit der eisernen Maske

Vor etwa 300 Jahren trug sich in Frankreich ein außergewöhnliches Ereignis zu. Zwar ist es nicht so bekannt wie das Bernsteinzimmer, doch es kommt in vielen Büchern und Filmen vor. Es geht um den sogenannten „Mann mit der eisernen Maske". Dieser wurde 1669 in Frankreich ins Gefängnis gesperrt. Zu dieser Zeit war König Ludwig XIV. an der Macht. Er wird auch als „Sonnenkönig" bezeichnet. Vielleicht hast du schon einmal von diesem Herrscher gehört. Er war ein „absoluter" Herrscher, der alles selbst bestimmte, und er führte ein sehr prunkvolles Leben.

Unter diesem König ist der „Mann mit der eisernen Maske" verhaftet worden.

Was er verbrochen hat, ist ebenso wenig bekannt wie
sein Name. Deshalb sind viele Forscher seit langer Zeit
diesem Rätsel auf der Spur. Einig sind sich alle in
einem Punkt: Der Gefangene trug eine Maske.

War die Maske wirklich aus Eisen?

Der Häftling musste seine Maske immer dann tragen,
wenn er nicht allein war. Keiner sollte sein Gesicht
sehen und ihn erkennen. Hätte er die Maske abgenom-
men, hätte man ihn mit dem Tod bestraft. Das Gleiche
wäre jedem anderen passiert, der ihm die Maske
vom Gesicht gerissen hätte. Zum Glück war die Maske
wahrscheinlich ▨▨▨▨▨▨▨▨▨▨▨▨▨▨▨▨▨▨▨▨▨▨▨▨
▨▨▨▨ Das wäre auf jeden Fall bequemer gewesen,
als eine starres, schweres Eisengerät im Gesicht zu
tragen. Dass die Maske aus Eisen sei, war vermutlich
nur eine Erfindung des Schriftstellers Voltaire, der
als Erster über den Gefangenen geschrieben hat.
Abgesehen von der Maske ging es dem Mann in
seiner Zelle gar nicht so schlecht. Er durfte zwar nicht
mit anderen sprechen, aber es gab viele Sonderregeln
für ihn.

Welche Sonderregeln könnten das Leben des Gefange-
nen erleichtert haben?

Zwar wollte man verhindern, dass die Menschen erfuhren, wer der Gefangene war. Deshalb musste er sein Gesicht und seine Stimme verbergen. Aber ▓▓▓▓▓▓ ▓▓▓▓▓▓▓▓▓▓▓▓▓▓▓▓▓▓▓▓▓▓▓▓▓▓▓▓▓▓▓▓ ▓▓▓▓▓▓▓▓▓▓ was damals sehr ungewöhnlich war. Sogar ▓▓▓▓▓▓▓▓▓▓▓▓▓▓ als das der anderen Gefangenen.

Der Mann mit der Maske wurde am 24. August 1669 verhaftet und kam in die Festung Pignerol. Diese lag im heutigen Norditalien. Dort waren zu der Zeit zwei andere wichtige Häftlinge: Marquis de Lauzun und Nicolas Fouquet. Nicolas Fouquet durfte mit dem „Maskenmann" sogar Kontakt haben. Er wurde manchmal als sein Diener eingesetzt, bis Fouquet 1680 starb. 1681 wurde der Mann mit der Maske in ein anderes Gefängnis verlegt; und zwar in die Festung Exilles in den Alpen. Dort blieb er, bis die Franzosen befürchteten,

die Haftanstalt könnte bei einem Krieg von den Feinden eingenommen werden. 1687 kam der Mann auf die Insel Saint-Maguerite. Dort gab es ein Inselgefängnis, in dem außer ihm nur ein weiterer Gefangener einsaß. 1698 landete der Mann mit der Maske schließlich in der Bastille, dem berühmten Gefängnis von Paris. Dort starb er angeblich am 19. November 1703. Wenn der Todestag stimmt, war er 34 Jahre im Gefängnis, ohne dass jemals etwas über sein Verbrechen bekannt wurde. Das ist sehr seltsam, oder?

Weißt du noch, was die Leute daran hinderte, dem Gefangenen die Maske abzureißen oder ihn zum Sprechen zu bewegen?

Auch wenn der „Maskenmann" im Gefängnis saß, hätte es doch Gelegenheiten gegeben, ihn zu entlarven. Das Wort „entlarven" passt hier gut. „Larve" ist nämlich ein altes Wort für „Maske". „Entlarven" heißt also „die Maske abnehmen". Allerdings ~~gab es strenge Vorschriften, die es unmöglich machten, den Mann zu entlarven.~~ Besonders bei den Transporten von einem Gefängnis ins nächste wurde darauf geachtet, dass niemand ihn sah und hörte.

Das alles ist sehr geheimnisvoll! Kein Wunder, dass sich seit über 300 Jahren unzählige Menschen Gedanken machen, wer der Mann gewesen sein könnte. Sie haben über hundert Vermutungen angestellt. Zu einem eindeutigen Ergebnis sind sie nicht gekommen. Aber es gibt eine Idee, die am ehesten zutreffen könnte.

Warum sollte der König verhindern wollen, dass ein Gefangener gesehen und gehört wird?

██████████████████████████████████████ ████████████ Das wäre ein Grund gewesen, ihn wegzusperren und zugleich nicht zu verraten, wer er war. ██████████████████████████████████████ ██████████████████████████████████████ Diese Idee ist gar nicht so weit hergeholt.

Aber wer hätte dem König gefährlich werden können?

Das konnte nur jemand sein, ████████████████ ████████████ Die Thronfolge regelt, wer nach dem Tod des Königs der nächste König wird. Ludwig XIV. war nach dem Tod seines Vaters Ludwig XIII. der Erste in der Thronfolge. Es gab keine älteren Geschwister, und jüngere hätten ohnehin erst nach seinem Tod eine Chance gehabt. Nur ein Zwillingsbruder hätte Ludwig XIV. den Thron streitig machen können.

Auch damals war es selten, dass eine Frau Zwillinge
bekam. Deshalb war man, was die Thronfolge anging, gar
nicht so gut auf diese Möglichkeit vorbereitet. Zwar
achtete man darauf, dass dem König kein fremdes Kind
als Thronfolger untergeschoben wurde. Was aber nach
der Geburt passierte, wurde nicht weiter verfolgt. Grund-
sätzlich waren immer Vertraute des Königs anwesend,
bis die Königin ihr Kind auf die Welt gebracht hatte. So
war es auch bei Ludwig XIV.: Er kam zur Welt und es
wurde sofort verkündet, dass ein Junge geboren worden
sei. Danach interessierte sich aber niemand mehr für
die Königin. Deshalb kam der Verdacht auf, die Königin
könnte später allein in ihrem Zimmer ein zweites Kind
geboren haben. Um ein Durcheinander zu vermeiden, soll
es sofort in einer Pflegefamilie untergebracht worden sein.

Wenn der Zwilling in einer Pflegefamilie aufgewachsen
wäre, wieso hätte er dann eingesperrt werden müssen?

Wie die Verhaftung des „Maskenmannes" vor sich
ging, ist nicht bekannt. Wenn er wirklich ein Zwilling
von Ludwig XIV. war, ▨▨▨▨▨▨▨▨▨▨▨▨▨▨▨▨▨▨
▨▨▨▨▨▨▨▨▨▨▨▨▨▨▨▨▨▨▨▨▨▨▨▨▨▨
Heute treten Doppelgänger von Künstlern, Königen
und Politikern in Shows auf und wir finden das lustig.
Damals war so etwas unheimlich, und Ludwig XIV.

musste dazu noch befürch-
ten, dass sein Zwilling ihm
den Thron streitig machte.
Da er seinen eigenen Bru-
der nicht einfach umbringen
lassen wollte, bereitete er
ihm ein möglichst angeneh-
mes Leben im Gefängnis.

Bastille

Das wäre zumindest eine
Möglichkeit. Aber es bleibt eben eine Vermutung.
Bis heute wird weiter gerätselt, wer der „Mann mit der
eisernen Maske" gewesen sein könnte. Graf von
Lacour, ein französischer Adeliger, fand angeblich
vor einigen Jahren im Verlies seines Turms ein Skelett,
das von Samtkleidern umgeben war. Ein Experte
untersuchte die Überreste und behauptete, dass
der Schädel zu einem eineiigen Zwilling von König
Ludwig XIV. gehörte. Es wird vermutet, dass der
angebliche Zwilling auf dem Weg vom Inselgefängnis
in die Pariser Bastille fliehen konnte. Ob das allerdings stimmt, ist mehr als fraglich.
Wer weiß, vielleicht wird das Rätsel noch gelöst.
Auf jeden Fall ist der Mann mit der eisernen oder
samtenen Maske eine spannende Geschichte für
Bücher und Filme.

Die Verschwörung gegen Julius Cäsar

Eine Geschichte, die auch oft in Büchern und Filmen wiedergegeben wird, ist das Ende von Julius Cäsar. Gaius Julius Cäsar war ein mächtiger Herrscher im alten Rom. Er lebte von 100 bis 44 vor Christus, aus heutiger Sicht war das vor etwa 2100 Jahren. Das ist ganz schön lange her! Und trotzdem erwecken Schriftsteller, Filmemacher und Comiczeichner den Eindruck, als wüssten sie genau, was damals geschehen ist.

Weshalb wissen wir so viel über Gaius Julius Cäsar?

Julius Cäsar war ░░░░░░░░░░░░░░░░░░░░░░░░░ ░░░░░░░░░░░░░░░░░░░░░░░░░░░░░░░░░░░░░░ ░░░░░░░░░░░░░░░░░░░░░░░░░░░░░░░░░░░░░░ ░░░░░ Außerdem schrieben auch viele Menschen aus seiner Zeit ░░░░░░░░░░░░░░░░░░░░░░░░░░ ░░░░ Daraus ergibt sich ein recht gutes Bild von seinem Leben.

Julius Cäsar wurde im Juli 100 vor Christus in Rom geboren. Er stammte aus einer reichen Familie, die in der Stadt großen Einfluss hatte. Für Julius Cäsar stand früh fest, dass er ein mächtiger Politiker werden wollte. Das schaffte er. Heute würde man sagen, er arbeitete sich hoch und machte Karriere. Zuerst war er in den Behörden Roms tätig, dann wurde er Konsul und schließlich Alleinherrscher in Rom. Noch viele Jahrhunderte später nannte man die Alleinherrscher von Rom deshalb „Cäsaren". Selbst die deutsche Bezeichnung „Kaiser" leitet sich von dem Namen Cäsar ab. Als Alleinherrscher konnte Julius Cäsar alles selbst bestimmen, obwohl das in Rom nicht so vorgesehen war. Zu Cäsars Zeit gab es dort nämlich keinen König mehr. In einem kniffligen System sollte das Volk mitbestimmen und zwei Konsuln als oberste Herrscher wählen. Das war eine Staatsform, die unserer heutigen gar nicht so fern ist. Cäsar gefiel das gar nicht und so schmiedete er einen Plan.

Was könnte Gaius Julius Cäsar geplant haben, um allein an die Macht zu kommen?

Cäsar tat sich mit zwei Senatoren zusammen. Die drei schlossen einen Pakt, der ihnen allen mehr Macht geben sollte. Cäsars Idee war, dass er den größten Einfluss bekam.

Senatoren waren so etwas wie unsere Bundestagsabgeordneten oder Stadträte. Sie bildeten ein Gremium. Dieses Gremium entschied, was in Rom geschehen sollte. Allerdings wurden die Senatoren nicht gewählt, sondern es waren die angesehensten und reichsten Bürger der Stadt. Im Unterschied zu einem Königreich war es jedoch so gedacht, dass nicht einer, sondern viele alles bestimmen sollten. Dieses System schaffte Julius Cäsar nach und nach ab. Er entschied immer mehr allein und am Ende beschloss er sogar Dinge, die seine Freunde und die anderen Senatoren nicht gut fanden. Er führte viele Kriege, riss alle Macht an sich und ließ die Senatoren immer weniger mitentscheiden. Das ärgerte diese, denn sie wollten, dass die Stadt gemeinsam regiert wurde und nicht von einem Einzelnen, der sich wie ein König verhielt.

Was konnten die Senatoren tun, um Cäsars Politik zu ändern?

Cäsar hatte gleich zu Anfang seiner Herrscherlaufbahn verlangt, dass man ihn zum Diktator auf Lebenszeit ernannte. Ein Diktator ist ein Politiker, der alleine alles bestimmen kann. Es war also nicht einmal unrecht, was Julius Cäsar tat. Aber es war auch nicht gut für die Bürger von Rom.

Am 15. März 44 vor Christus scharten sich mehrere Senatoren bei einer politischen Versammlung um Cäsar und ermordeten ihn mit 23 Dolchstößen. Wenn 23 Dolchstöße die Todesursache waren, handelte es sich ganz sicher nicht um einen Einzeltäter! Es wird geschätzt, dass es 50 bis 60 Verschwörer waren. Als Anführer gilt Gaius Cassius. Er soll zusammen mit Marcus Junius Brutus die Verschwörung geplant haben. Brutus hatte eigentlich eine sehr gute Beziehung zu Cäsar, aber er wollte nicht, dass der Senat komplett entmachtet und Rom von einem Alleinherrscher regiert wurde.

Cäsar war angeblich sehr überrascht, dass sein Freund Brutus Teil der Verschwörung war, da er ihn immer wie einen Sohn behandelt hatte. Er soll kurz vor seinem Tod gerufen haben: „Auch du mein Sohn Brutus".

Anfangs waren alle begeistert, dass der Alleinherrscher Cäsar gestürzt war. Doch dann übernahmen die Freunde Cäsars die Macht. Sie sorgten dafür, dass die Täter bestraft und die Politik Cäsars weitergeführt wurde.

Am Ende haben die Anhänger Cäsars gesiegt. Wann immer irgendwo jemand „Kaiser" genannt wurde, trug er den Namen des römischen Diktators. Und unser Kalender hat seinen Ursprung ebenfalls bei Cäsar. Der Monat Juli verdankt Gaius Julius seinen Namen.

Wo begegnet uns Gaius Julius Cäsar sonst noch?

Bestimmt hast du ein Bild von Cäsar ██████████ ██████████ gesehen. Oder du hast einen der vielen ██████████████████████████████ ██████████ oder ███████████████████████████████ ██████ gehört. Daran erkennst du, dass Geschichte, soweit sie auch zurückliegt, ihre Spuren in die Zukunft legt. Wer weiß, welche Bedeutung das, was du heute tust, in 20 oder 30 Jahren haben wird?

Stonehenge – der geheimnisvolle Steinkreis

Bestimmt hast du schon einmal ein Foto von Stonehenge gesehen. Stonehenge ist ein mindestens 5000 Jahre altes Bauwerk aus Steinen und Steinplatten. Es ist noch heute in England, in der Nähe von Amesbury, zu sehen. Millionen Besucher fahren jedes Jahr dorthin, um zu sehen, ob es diese riesige Anlage wirklich gibt. Man kann tatsächlich ins Grübeln geraten, ob Stonehenge nicht nur eine Erfindung ist. Auf Fotos lässt sich heute ja vieles fälschen. Da stehen mitten auf einer großen grünen Wiese ein paar kunstvoll angeordnete riesige Steine, die kein Mensch allein bewegen kann. Hat sie ein Riese dorthin gestellt?

Die Geschichten, die sich um den Steinkreis ranken, sind sehr seltsam. Mancher behauptet, der Zauberer Merlin hätte seine Hand im Spiel gehabt und das Ganze aus Irland herbeigezaubert. Andere sind sich sicher, Außerirdische hätten die Steinsammlung angelegt. Auch wenn man nicht ganz genau weiß, wer Stonehenge errichtete, so ist doch klar, Zauberer und Außerirdische waren es nicht. Denn diese gibt es gar nicht.

Welche Wissenschaftler könnten helfen, mehr über das Alter und die Entstehung von Stonehenge herauszufinden?

Stonehenge wurde erstmals 1130 in einer Liste berühmter Denkmäler erwähnt. Die ersten Zeichnungen stammen aus dem 14. und 15. Jahrhundert. Es ist also kein Bauwerk aus unserer Zeit. [unleserlich] erforschen alte Gegenstände, wie Ruinen und Fundstücke aller Art. Sie beschäftigen sich auch mit Münzen, Tonscherben und vielem mehr. Sie haben bei dem Rätsel um Stonehenge schon viel herausgefunden, wenn auch noch längst nicht alles. Bis heute steht fest, dass die Anlage in mehreren Stufen erbaut wurde und dabei zunächst Holz und später Steine verwendet wurden.

Was meinst du, aus welcher Zeit könnte Stonehenge stammen?

Zurzeit geht man davon aus, dass man mit dem Bau der Anlage ░░░░░░░░░░░░░░░░░░░░░░░░░░░░ begonnen hat. Die ersten Bauten ░░░░░░░░░░░░ ░░░░░░░░░░░░░░░░░░ geschaffen. Am Anfang hatte Stonehenge einen Durchmesser von ungefähr 115 Metern. Das ist etwa so groß, wie ein Kreis, den man um die beiden Tore eines Fußballfeldes ziehen würde. Die Anlage war von einem Wall und einem Graben umgeben. Innerhalb dieses Kreises gab es möglicherweise einen weiteren Kreis aus Holzpfosten. Das wird vermutet, weil ein Forscher im 17. Jahrhundert dort 56 Löcher fand.
Über die zweite Bauphase weiß man noch weniger. Aus dieser Zeit wurden Überreste von Feuerbestattungen gefunden. Vielleicht war das Gelände damals ein

Friedhof. Dafür spricht auch, dass menschliche Knochen entdeckt wurden.

Um 2600 vor Christus, also etwa 500 Jahre nach Baubeginn, kamen schließlich die Steine dazu, die das Denkmal berühmt gemacht haben. 80 Steine wurden in zwei Halbkreisen aufgestellt. Sie wurden später anders angeordnet, aber an den Löchern lässt sich der ursprüngliche Platz erkennen. Die Steine stammen nicht etwa aus der Nähe der Anlage. Es handelt sich um Blausteine aus der Gegend um Pembrokeshire in Wales. Das heißt, sie mussten über 230 Kilometer transportiert werden. Ohne Auto, Zug oder Pferdekutsche.

Hast du eine Idee, wie die Menschen die mehrere Meter hohen Steine transportieren konnten?

Leider gibt es keine Bilder oder Beschreibungen davon, wie die Menschen in der Steinzeit die riesigen Steine fortbewegt haben. Forscher versuchten in einem Experiment, diese Aufgabe zu bewältigen. Beim ersten Mal sank das Schiff mit dem schweren Stein. Der zweite Versuch war erfolgreich. Es sind aber sehr viele Menschen nötig, um den beladenen Schlitten zu ziehen. Der größte Stein ist fast 9 Meter lang und wiegt 40 bis 50 Tonnen. So schwer ist ein 40-Tonner-Sattelzug, also ein größerer LKW, wenn er voll beladen ist. Der Schlitten musste ja auch nicht nur ein paar Zentimeter gezogen werden. Die Steine wurden auf Booten über das Meer, einen Fluss und einen extra dafür gegrabenen Kanal herange-schafft. Kein Wunder, dass es einige Zeit gedauert hat, bis die Anlage fertig war. Immerhin standen am Ende der zweiten Bauzeit ein riesiger Stein aus grünem Sandstein, der „Altarstein" genannt wird, und die 80 Blausteine. Alle waren aus Wales gebracht worden!

Vor allem in der Zeit zwischen 2 440 und 2 100 vor Christus wurde Stonehenge so ausgebaut, wie wir es heute kennen. Es kamen 75 weitere

Steine dazu, die 25 bis 50 Tonnen schwer waren. Sie wurden aus einem 30 Kilometer entfernten Steinbruch bei Marlborough geholt.

Das Besondere an diesen Steinen ist, dass sie nicht einfach alle nebeneinandergestellt wurden wie die ersten. 30 Steine dienten als Pfeiler einer kreisförmigen

Konstruktion. Darauf lagen 30 weitere Steine, die wie Deckel aussahen und „Deck-Steine" genannt werden. Diese Deck-Steine waren durch eine Technik miteinander verbunden, die Schreiner noch heute einsetzen.

Wie kann man zwei Holz- oder Steinteile verbinden, wenn man weder Klebstoff noch Nägel oder Schrauben hat? Du kennst die Technik ganz bestimmt aus deiner Spielekiste.

████████ ████ ████████ heißt die Technik, die im Prinzip auch ████████ oder ████████ verwendet wird. Dabei werden die Steine so bearbeitet, ██ ████████████████████████. Und das vor 4 500 Jahren und ohne eine einzige Maschine! Nur mit den Händen und Steinwerkzeug! Auch wenn die Steine diesmal nicht von so weit hergeholt werden mussten, ist das eine erstaunliche Leistung. Die Steine mussten zunächst immerhin 30 Kilometer gezogen oder geschoben werden. Das brauchte auch Zeit und Arbeitskräfte. Und dann gab es da noch die Gesteinsfiguren, die aus zwei Pfeilern mit Deckstein obendrüber bestehen und wie Tore aussehen. Als wären Transport, Aufbau und Zusammenfügen nicht genug Arbeit gewesen, wurden die Steine noch verschönert.

Wie hat man wohl die Steine verschönert?

Alle Steine wurden ░░░░░░░░ Das schaffte man, indem lange Zeit vorsichtig mit einem Steinwerkzeug daraufgeschlagen wurde. ░░░░░░░░░░░░░░░░░░░░░░░░░░░ ░░░░░░░░ Die Bilder verraten ein wenig davon, was den Menschen zu jener Zeit wichtig war. Da gibt es zum Beispiel das Bild eines Bronzedolchs und Zeichnungen von Axtköpfen. Sie haben eine Ähnlichkeit mit Werkzeugen und Waffen aus der Bronzezeit. Damit hat man einen Hinweis darauf, dass der zweite Bauabschnitt von Stonehenge in der Bronzezeit gelegen haben muss. Mit den Zeichnungen war der Bau der zweiten Phase beendet. Danach gab es nur kleine Veränderungen an dem Steinkunstwerk – so als würdest du die Möbel in deinem Zimmer umräumen. Die Blausteine wurden anders angeordnet und der Altarstein wurde verschoben. Außerhalb des Steinkreises wurden weitere Grabenringe angelegt. Ab 1600 vor Christus kümmerte sich dann niemand mehr darum. Aber die Existenz des Steinkreises sprach sich herum. Schriftsteller und Forscher rätseln schon seit vielen Jahrhunderten, was es mit dem Monument, das bis heute einzigartig ist, auf sich hatte. 1130 wurde der Steinkreis erstmals erwähnt. 1135 schrieb Geoffrey von Monmouth, der Zauberer Merlin hätte etwas damit zu tun. Dieser Verdacht hielt sich einige Jahrhunderte. Es wurden sogar Bilder gemalt, auf denen Merlin einem Riesen hilft, die Steine aufzuschichten. Um 1580 konnte ein Archäologe nachweisen, dass das Werk nichts mit Zauberei zu tun hat, sondern mit Handwerk. Aber auch das ließ Platz für Geschichten. Mal war der Steinkreis ein römischer Tempel, mal eine Anlage der Phönizier oder der Ort, an dem Könige gekrönt wurden. Angeblich hätten ihn die Kelten gebaut und ihre Priester hätten hier gearbeitet.

Heute sind sich die meisten Forscher einig, dass es sich um eine Kultanlage handelte, die eine besondere Bedeutung hatte. Auf jeden Fall wurden hier Menschen begraben, wenn auch nur wenige. Vermutlich waren es wichtige Persönlichkeiten.

Möglicherweise diente die Anlage aber auch der Sternenkunde. Die Nutzung kann in den verschiedenen

Bauzeiten unterschiedlich gewesen sein. Das könnte auch ein Grund dafür sein, dass die Anlage zwischendurch verändert wurde. Geheimnisvoll ist sie auf jeden Fall. Und sie lässt viel Raum für Fantasie.

Weißt du, ob es ähnliche Steinkreise auch anderswo gibt?

Tatsächlich ist Stonehenge nur der berühmteste Steinkreis, weil er so gut erhalten ist und so früh gefunden wurde.

2008 kamen Archäologen bei Magdeburg einer runden Kultstätte aus der Bronzezeit auf die Spur. Sie war aus Holz gebaut. Anhand von Keramikgefäßen und menschlichen Knochen, die auch dort gefunden wurden, lässt sich vermuten, dass es sich um eine Totenstätte handelte. Es schien in früherer Zeit also durchaus üblich zu sein, Holz- oder Steinkreise anzulegen. Wer auf die Idee kam und was dort genau geschah, ist eine spannende Frage für künftige Forscher.